从小看世界

趣味运动

【意】茱莉亚·卡兰德拉·波拿乌拉等◎著
【意】奥古斯汀·特拉尼◎绘
文铮 张兆颖◎译

中国宇航出版社
·北京·

Original Title: Sport E Giochi
Text by Giulia Calandra Buonaura, Maria Novella Passaglia
Original cover and internal illustrations by Agostino Traini

著作权合同登记号：图字01-2017-1602

图书在版编目（CIP）数据

趣味运动 / (意) 茱莉亚・卡兰德拉・波拿乌拉等著; (意) 奥古斯汀・特拉尼绘 ; 文铮, 张兆颖译. -- 北京 : 中国宇航出版社, 2017.11
（从小看世界）
ISBN 978-7-5159-1367-4

Ⅰ. ①趣… Ⅱ. ①茱… ②奥… ③文… ④张… Ⅲ. ①体育运动–少儿读物 Ⅳ. ①G8-49

中国版本图书馆CIP数据核字（2017）第200095号

策划编辑 韩红红 马晓菲　　装帧设计 宋 航
责任编辑 甄薇薇 韩红红　　责任校对 马晓菲

出版发行 中国宇航出版社
社 址 北京市阜成路8号　　邮 编 100830
网 址 www.caphbook.com
经 销 新华书店
发行部 (010)60286888　　(010)60286804（传真）
承 印 北京中科印刷有限公司
版 次 2017年11月第1版　　2017年11月第1次印刷
规 格 880×1230　　开 本 1/16
印 张 7.5　　字 数 145千字
书 号 ISBN 978-7-5159-1367-4
定 价 45.00元

本书如有印装质量问题，可与发行部联系调换亲爱的小读者，准备好跟我一起去旅行了吗？

今天我们将在户外活动一整天，尝试一些有趣的体育运动和比赛。我们先从体操开始，然后我会带你了解武术、游泳，还有马术哦！再想象一下我们外出去寒冷的冰雪世界，你能在冰雪上快速地旋转翻腾。你还能叫上小伙伴一起去踢足球、打排球，然后再在篮球场上赢他们两分！

为了帮助你更好地理解，我为你做了这三件事：重要知识点描黑、难词注释和难字注音。当它们以这样的装扮出现时，不要认不出哦！

游泳

重要知识点描黑
便于串联知识脉络

裁判*

难词文后注释
辅助理解内涵

rèn
柔韧

难字、易读错字注音
保证流畅阅读体验

如果你想回味旅途中的重要时刻，请翻到每一章的最后，那里有一张彩色的大图，概括了这一章的内容。

祝你旅途愉快！

目录

体操

体操

仔细看看下图中的人们，他们都在做什么运动？没错，他们在做体操！这属于“自由体操”，人们可以站着也可以坐在地上协调身体的各个部位完成动作。完成一套漂亮的动作后，你可能会觉得有点累，但同时又会感觉浑身放松、心情愉悦！这是不是很神奇啊！

除了自由体操，还有许多种体操，它们都很好玩！想跟我一起去了解一下吗？那就快翻开下一页去看看吧！

体操是最古老的体育运动之一。据说，它是2500多年前由**古希腊人**发明的。在古时候，这是一项裸(luǒ)体运动！“体操”一词在古希腊语中是“裸体”的意思。

那时候，练习体操的目的在于健身塑形。同时，它还具有重要的教育意义，体操教学通常选在学校的**体育馆***内进行，那里是文化活动的中心，也是年轻人学习音乐、了解艺术的地方。那时候的人们崇尚这样一句话：“健全的精神寓于强健的体魄(pò)。”这句话的意思是，一个人的精神和心智需要接受良好的教育，身体也同样需要！

公元4世纪，欧洲战争频发，体操成了为战争做准备的专业训练。正是在这一时期，诞生了马上比武*、体育锦标赛和射箭比赛等运动。

到了19世纪，体操运动进一步发展，逐渐变成一种娱乐和竞技项目，成为我们现在所了解的体操。其实，西方语言中Sport（体育）一词就含有“娱乐”和“游戏”的意思。

4000年前，住在古希腊克里特岛*的米诺斯人*发明了一项极其危险的运动：**跳牛**。一个男人负责激怒一头公牛，引导这头公牛奔向一个女人。当公牛快要接近时，这个女人会抓住牛角，借力翻一个跟头，从公牛的身上翻越过去。

演化到今天，体操已经成为一项展示力量、优雅、柔韧(rèn)性*和协调性*的精彩运动。这项运动男女都可以参加，通常在体育馆里进行，因为那里有各种体操器械和充足的运动空间。

体操一般可分为三类：竞技体操、艺术体操和健美操。

竞技体操包括男子体操和女子体操。每种项目都有其专门的动作要求和规则。

吊环是男子体操中特有的项目，对运动员力量的要求特别高。吊环距地面2.55米，运动员的身体会在吊环上来回摆动，同时完成各种规定动作，其中很多动作要头朝下完成！

鞍(ān)**马**也是一项男子特有的体操项目。鞍马高1.05米，上面固定着两个半圆环。比赛时，体操运动员要用双臂交替支撑自己的整个身体，在鞍马上完成各种动作。除双手之外，任何身体部位都不能触碰鞍马，这要求运动员有强大的臂力和灵活的身体。

这种像马背一样的器械同样也出现在**跳马**项目中，跳马是男女体操共有的项目。做这项运动时，运动员要先**助跑**一段距离，然后借助一个有弹性的**助跳板**飞身跃起，双手撑住跳马器械，一跃而过，在空中快速完成一系列动作后，平稳落地。

每次做完体操运动之后，还有一件很重要的事一定要记得，那就是做**拉伸**，伸展一下筋骨。拉伸活动可以放松肌肉，增加身体柔韧性。试试看，拉伸过后是不是感觉舒服多啦！

女子体操项目与男子有所不同。现在请你屏住呼吸，让我们一起看看那些正在练习**高低杠**的女子运动员们。顾名思义，高低杠由两根不同高度的杠组成，高杠高2.3米，低杠高1.5米。两杠之间有1.1至1.4米的间隔，运动员需要在两杠之间来回腾跃转换完成动作，仿佛是在两杠之间飞来飞去！

自由体操是男女体操运动共有的项目，通常在一块边长为12米的正方形带弹性的垫子上进行。此外，女子体操项目还有**平衡木**，这是一种长5米、宽只有10厘米的器械，在平衡木上，女孩们要完成旋转、跳跃、翻跟头等一系列高难度动作。这需要运动员有极好的平衡能力！

艺术体操是一种区别于竞技体操的体育项目。这也是一项女子才能参加的项目，只有身体柔韧性极好的人才能胜任。与舞蹈相似，艺术体操注重姿态优美，动作协调，通常在音乐伴奏下进行。运动员们要在动作中融入芭蕾舞等元素，并在表演时搭配使用各种器械，例如绳、环、带、球和棒*。

和自由体操一样，艺术体操也在一块专用的方形场地上进行。这种场地不同于一般的地板，具有良好的弹性和缓冲性能，运动员们可以在上面安全地完成高难度的跳跃和空翻动作。

你知道吗？练习体操甚至可以治愈一些身体上的病痛。比如，某些特定的训练可以缓解背痛；再比如，如果一个人的腿骨折了，在康复阶段，一系列以体操为基础的肢体康复训练有助于腿部机能的恢复！

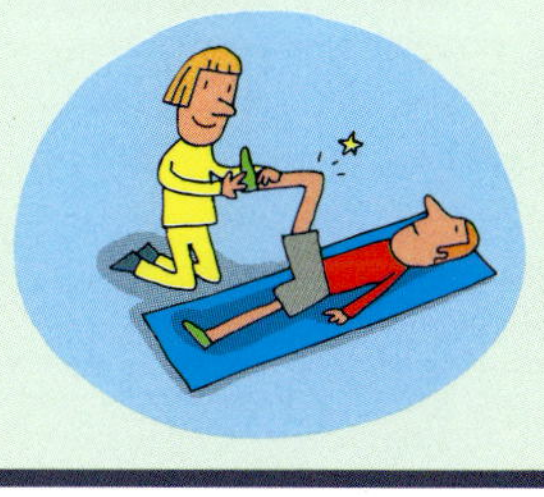

健美操是一种**有氧健身运动**，人们的身体随着音乐伴奏的节拍舞动做出各种动作，并要持续一段时间。

踏板操是健美操的一种，练习时需要用到的器械是**踏板**，它就像是一级“台阶”。通常，台阶长1米、宽40厘米，距地面高度在10~25厘米之间。在练习踏板操时，我们要随着动感的音乐在踏板上有节奏地踏步。

动感单车则是在一辆固定不动的健身自行车上进行的。最初，这项运动只是公路自行车运动的准备活动，现在它已经成为一种很受欢迎的健身运动了！这项运动一般是一群人一起进行的，在健身教练的指导下，跟随音乐节拍统一蹬速。这是一种特别有益于呼吸系统*的运动，尤其是对于成年人来说。

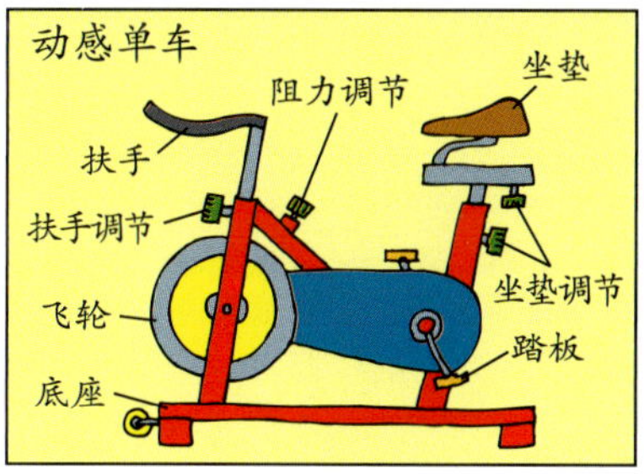

做体操有利于增强**肌肉**的力量，帮助我们保持完美身材，同时能够让人缓解精神压力。另外，运动的过程中我们还可以享受和伙伴们在一起的时光。这真是妙不可言！

蹦床也是体操的一种，它包含一系列空中特技动作，比如**空翻**。这项运动在1920年起源于美洲。当时，一位马戏团的杂技演员没能抓好高空秋千，掉落在下面的防护网上，紧接着被弹了起来。就这样，人们发明了蹦床运动！

下面，让我们一起回顾关于体操的重点知识。

谁是体操的发明者？

体操运动通常在哪里进行？

竞技体操除了对运动员的灵活性和协调性有较高要求，还有什么方面的要求？

竞技体操的器械有吊环、高低杠，还有什么？

自由体操通常在什么上进行？

做有氧运动除了需要人有较好的耐力，还需要什么？

这是什么意思？

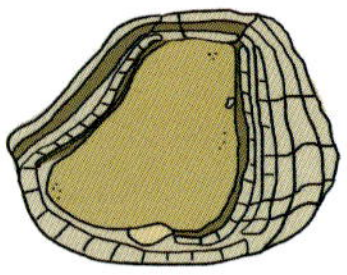

体育馆：在古希腊，体育馆不仅是进行体育锻炼的地方，也是重要的教育、社交场所。

马上比武：欧洲中世纪时期，两名骑士之间的精彩武术竞技，骑士骑在马背上保持身体平衡，迎面向对方冲过去，手持长矛攻击对方。

克里特岛：位于地中海东部的中间，是希腊的第一大岛，也是古老的文化中心。

米诺斯人：大约在公元前6000年，迁徙至希腊，定居在克里特岛的移民。他们创造出了灿烂的文明。

柔韧性：在运动中，柔韧性是指身体柔软而有韧性，能够轻快敏捷地做出很多高难度动作。

协调性：在运动中，协调性是指身体各部位同时完成动作时能很好地配合。

棒：这里指体操运动员常用的细瓶状器械，长度在40~50厘米之间。体操运动员可以将它们抛掷空中或在手中转动。

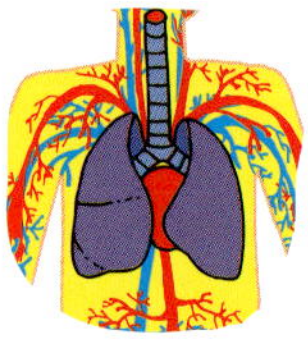

呼吸系统：人体中最重要的系统之一，可保证我们的正常呼吸，即吸进氧气，呼出二氧化碳。呼吸系统是由呼吸道和肺组成的。

武术

武术

仔细看看下面这张图，体育馆里的这些人穿着白色的衣服，摆出奇怪的姿势，你能猜出他们在做什么吗?

没错，你说得很有道理！这看起来确实像是一种舞蹈。但实际上，这是一种诞生于东方的古老运动。

到底是什么呢？你是不是很好奇呢？那就赶快翻到下一页，跟我一起去了解这项神奇的体育运动，让我解答你的所有疑问吧！

在3000多年前的中国，身经百战的将士们总结出一种非常厉害的格斗技艺，它既能够强健身体，又可以防御敌人的进攻，这就是我们常说的**武术**。后来，武术逐渐吸收了道家*思想、佛家思想和儒家*思想，不断丰富创新，产生了很多流派。就这样，武术几乎变成一种能让人超越自身力量的格斗术，甚至影响了人们的生活和思维方式。经过千百年的发展，武术被一代又一代的习武之人推广并完善。你知道武术有多厉害吗？它甚至可以让你赤手空拳与几个拿着刀剑的敌人格斗！

李小龙的电影

武术传到西方的时间要稍晚一些，在第一次世界大战*之后，西方人才开始向中国人和日本人系统学习武术。到了20世纪中期，武术在西方广泛传播，此前他们对武术了解得非常少。

近30年来，国外许多影视作品开始加入中国武术的元素。多亏了武艺精湛(zhàn)的武打演员**李小龙***做出的巨大贡献，武术在美国以及其他国家被更多的人所知晓。

你知道吗？武术又称为“秘术”，因为武术大师不会轻易传授自己的武功秘籍，通常只有表现最好的弟子才可以得到师父的真传。

那么，武术究竟是什么呢？它是人们从战争中总结出来的格斗和防御经验。在一些欧洲语言里，“武术”一词与罗马神话中的战神马尔斯有直接的关系。在中国，人们认为武术是强健体魄和维护和平的重要本领。中国武术自有一套严格的规则，初学者先要学习手和腿的**基本功**。练习时你可以想象对面有一个真实的对手，因为现实生活中很难找到一个跟你面对面搏斗的人，所以你要发挥想象力，假想有一个对手站在你的面前！你的目标就是击败这个对手，试试看吧！

经过多年的训练，**武术大师**可以完成一些高难度的动作，大师们之间的格斗也非常精彩。

日本人植芝盛平是世界上非常著名的武术大师之一，他在85岁的时候仍然坚持习武！

想要练好武术，你首先要学习各种动作，增强体能。此外，身为习武者还要满足一些很重要的要求，比如要有胆量，动作要协调，要懂得尊重对手。同时，习武时，你必须要专注，还要加强**呼吸训练**。

现在，让我们开始练习吧！一、二、三……认真重复老师的动作，坚持下去你也可以成为武术大师！

你知道吗？武术不仅仅教人格斗的技能，还能教人……治病！习武过程中，你有机会接触到许多传统的中医知识，比如穴位*、经络(luò)*、针灸(jiǔ)*和推拿*。

你知道吗？我们说的武术其实包含了30多种格斗形式呢！最著名的有柔道、空手道和中国功夫，这些运动项目风靡世界。现在，我就来满足一下你的好奇心！

柔道是日本武术中的一种形式，在日语中的意思是“柔之道”。柔道强调习武者对技巧掌握的熟练程度，比赛时的目标是借助对手的失误，让对手失去平衡，摔倒在地。

练习柔道的人要学习的第一件事就是避免在摔爬滚打时受伤，然后再学习如何保持身体平衡，不让自己倒地。

柔道对决在一种叫作“榻(tà)榻米”的软地板上进行，一场比赛大约持续几分钟。在比赛开始前，运动员要有礼貌地**相互行礼**。

空手道也是日本的一种格斗术，意思是“徒手格斗的技巧”。

空手道比赛是如何进行的呢？这项比赛分为很多**回合**，每个回合限时3分钟。运动员需要格挡和闪避对方的出招，然后找准机会进行反击！在进攻前，空手道运动员一般会大吼一声，释放自己，使出浑身力量！

柔道和空手道的制服很相似，都是束腰上衣和长裤。为了防止格斗时衣服被撕坏，服装都采用结实的棉质布料。运动员要系各种颜色的**腰带**，腰带的颜色用来区分运动员的段位，以柔道为例，初学者系白色腰带，然后逐步升为黑色，红白相间，最后到红色，红色就是大师级水平啦！

你知道吗？空手道有一项训练是徒手劈砖。这项技能的世界纪录由一个芬兰人保持，他曾一掌劈开了11块水泥做成的板子！你可不要轻易尝试，以免受伤！

少林武僧迎击武装匪徒

中国功夫模仿动物体态

所谓“**功夫**”就是指**中国武术**，在汉语中“功夫”一词也指需要花费时间和精力来掌握的本领。

少林寺是中国功夫的发源地之一，起初寺里的僧人练功夫是为了防御强盗和匪徒的骚扰。练功夫的僧人年龄都比较小，因为功夫是一种注重速度和灵敏度的近身格斗形式。你知道吗？功夫的很多**招式**都是模仿动物的体态和动作创造出来的，比如，像老虎伸爪一样出掌，像豹子一样跳跃，像鹤嘴啄食一样出拳。

在中国，武术有着很悠久的历史，是一项非常重要的运动，在民众中非常普及。

你要知道，武术并不仅仅是一种用来打架的技能，否则在武器已经这么先进的今天，就不会还有那么多人热爱这项运动了。

今天，人们学习武术的原因有很多，比如，为了锻炼身体，为了集中注意力，为了了解自己的身体状态。武术是一种很综合的体育运动，因为它可以锻炼身体的各个部位，并且男女老少都适宜。

你还在等什么？还不赶快亲自体验一下这项奇妙的体育运动！

南美洲有一种很著名的武术，叫作卡波卫勒舞，是移民到巴西的非洲奴隶们为强身健体发明的，动作之中融入了和猛兽战斗时采用的闪避和反击技巧。奴隶们会偷偷练习，还以此庆祝打猎收获的丰足，表达对自由的渴求。久而久之，这成为一种半舞蹈半格斗性质的艺术，也成了黑人的一种文化象征。

下面，让我们一起回顾关于武术的重点知识。

武术起源于何时何地？

谁让武术受到西方人的重视？

武术不仅仅是一种格斗术，还能训练什么？

柔道比赛中选手怎样才算赢?

空手道运动员比赛时怎样释放力量?

哪种武术的招式是模仿动物的特点创造的?

这是什么意思？

道家：先秦时期的一个思想流派，以老子、庄子为主要代表，道家的思想崇尚自然，主张清静无为，反对斗争。

儒家：先秦时期的一个思想流派，以孔子为代表，主张礼治，强调传统的伦常关系等。

李小龙：1940 年出生在美国旧金山，祖籍中国广东，是一名武打电影演员，在国际上有极高的影响力。

第一次世界大战：发生在 20 世纪初，是欧洲历史上破坏性最强的战争之一，波及全世界，给人类带来了深重的灾难。

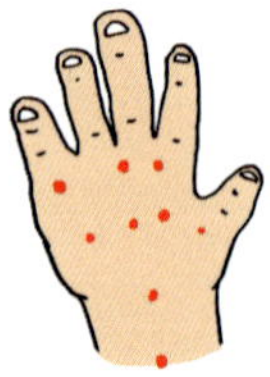

穴位：中医指人体上可以进行针灸的部位，多为神经末梢密集或较粗的神经纤维经过的地方。

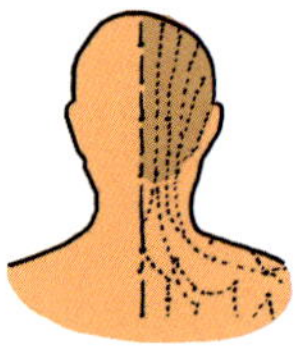

经络：中医指人体内气血运行通路的主干和分支。

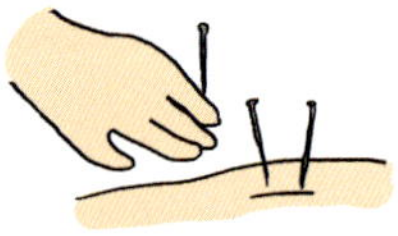

针灸：针法和灸法的合称，针法是把毫针按一定穴位刺入患者体内，用捻、提等手法来治疗疾病。灸法是把燃烧着的艾绒按一定穴位熏灼皮肤，利用热的刺激来治疗疾病。

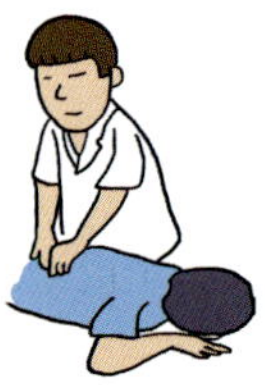

推拿：中医指用手在人体上按经络、穴位用推、拿、提、捏、柔等手法进行治疗。

游泳

游泳

快来看看下面这张图，这些人在干什么呢？

说对了，他们在游泳！游泳是一项既有趣又健康的运动，可以在任何有水的地方进行，比如大海、湖泊(pō)、河流和游泳池等。但前提是，那片水域是明确向游泳者开放的，而且附近有救生员，这一点非常重要！

如果你喜欢游泳，想要深入去了解这项运动，那就翻到下一页，跟我一起探索吧！

在水中，人们会出于本能*不停地活动身体，使自己漂浮在水面上。你能想象吗？在4500年前，古埃及人就已经开始在尼罗河上戏水啦！

古希腊人也非常看重游泳运动，年轻人，特别是士兵，必须学会游泳。对于古希腊人来说，没有什么比说他们既不会跑步又不会游泳更让他们恼火的了。

在古罗马也有这样一句话，如果一个人很无能，人们就会说他："既不会读书，也不会游泳。"

在中世纪*，游泳运动一度被禁止，因为那时候的人们觉得把身体浸入水中是很危险的行为，会使人染上可怕的疾病。

1830年的英国

1830年，英国人开始修建各种**露天游泳池**，游泳运动再度兴起。几年后，在伦敦诞生了第一个游泳组织，同时举办了最早的**游泳比赛**。自那时起，游泳有了一套标准规则，它作为一项新兴的体育运动风靡(mǐ)欧洲。

有些人为了证明自己的游泳实力，都希望接受这样一项挑战：游泳横渡法国和英国之间的英吉利海峡。1988年，年仅11岁的英国男孩托马斯·格雷尤里用时11小时54分钟，横渡了这个海峡，成为当时年龄最小的横渡者！

如今，游泳是世界上最为普及的运动项目之一。它之所以如此受欢迎，是因为这是一项**全身性运动**，能够锻炼身体各个部位的肌肉。游泳就是利用手臂和双腿使身体在水里有规律地运动。我们用多种方式可以做到这一点。

随着游泳运动的发展，人们创造了多种技术动作，我们称之为“**泳姿**”。常见的泳姿有四种，分别是自由泳、蛙泳、蝶泳和仰泳。

自由泳学起来很简单，游起来速度也很快。游泳时，在身体的带动下，头部向左右两侧交替转动，转到一侧时嘴巴在水面上吸气。

蛙泳是模仿青蛙在水中的动作而形成的一种泳姿。

蝶泳游起来最累，也最难学，因为它对力量和四肢协调能力要求很高。

仰泳其实也是一种较为简单的泳姿，而且是唯一仰面朝上的游泳方式。由于头部不用潜入水中，呼吸自然就简单多了。

不管学习哪种泳姿，想学好游泳就要多加练习，掌握标准的四肢和呼吸动作。

如果你想在水中仰面**漂浮**起来，只需要在专业的指导下，尽量放松，仰面朝上，背部挺直躺在水面上就可以了。很神奇，对不对？我们的身体不需借助任何东西就可以浮在水上，因为水是有浮力的，可以将我们托起。

如果你想达到竞技水平*，必然离不开高强度的训练。专业游泳**运动员**每天训练几乎都要游10千米~15千米，相当于在泳池里游200个来回！

游泳比赛分为两种：**游泳池比赛**和**公开水域比赛**。游泳池比赛是最常见的，通常在水深至少1.8米的矩形泳池中进行。泳池分为8条**泳道**，为了防止运动员之间互相干扰，参赛者必须在自己的泳道内游泳。

在泳池的一边，有一排**出发台**，收到发令信号后，运动员们统一从出发台上跳入水中，开始比赛。

游泳比赛是一项比拼速度的竞赛，比赛形式分为很多种。有的项目要求全程使用一种泳姿游过100或200米的距离，自由泳还分别设有50、400、800和1500米的项目，还有要求使用四种泳姿的**个人混合泳**。游泳除了个人单项比赛，还有**接力赛**，4名运动员组成一队，按顺序接力完成比赛。

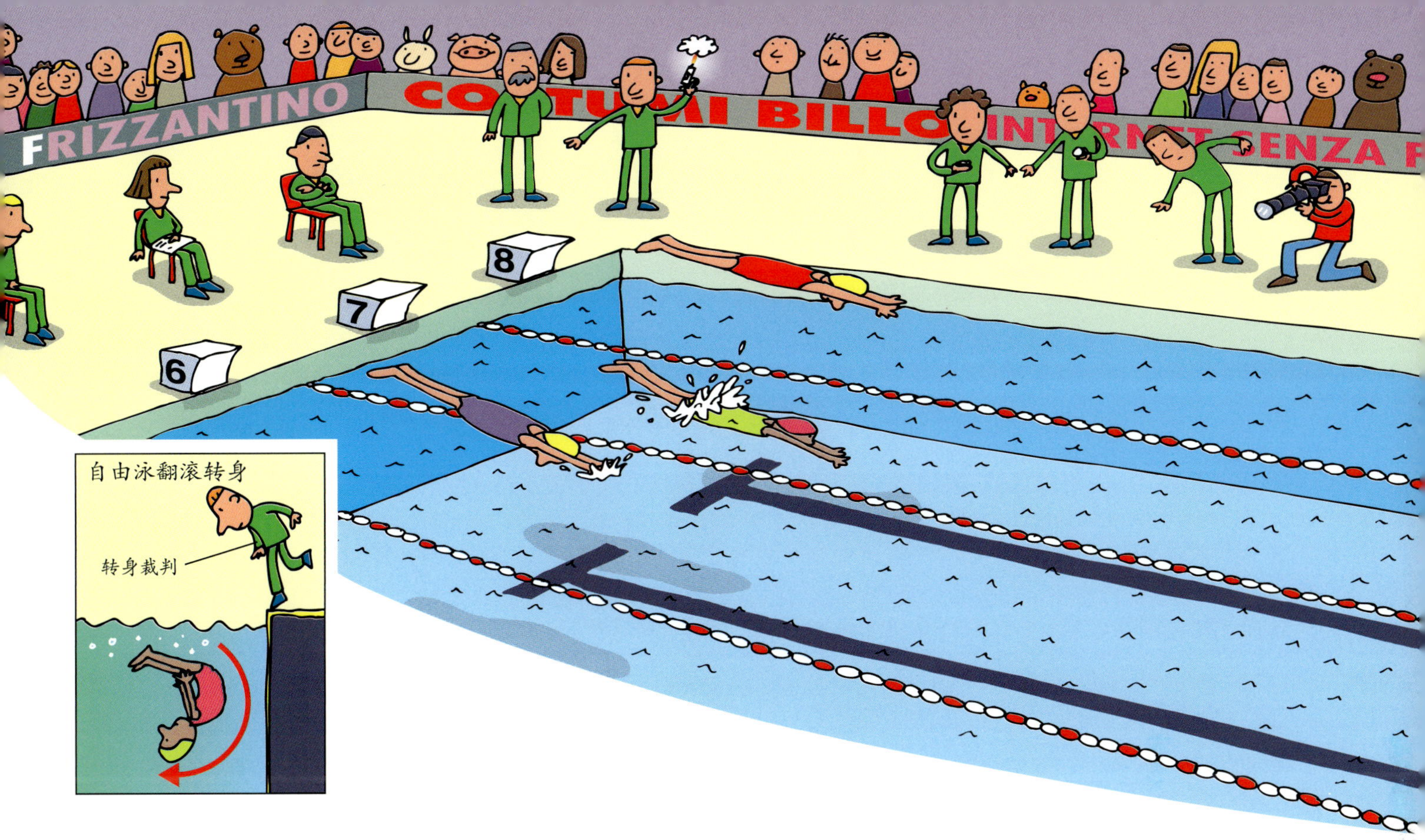

让我们一起来看看100米自由泳比赛是怎样进行的吧！裁判们会坐在泳池边各自的位置上监督。运动员起跳的一刻非常关键，分为三个步骤(zhòu)：首先，**裁判***示意后，运动员站上出发台；然后，**发令员***传达指令，运动员做好准备姿势；最后，运动员起跳入水，一直游到泳池的另一端。在那里，运动员需要做个转身动作，常见的方式就是在水中翻个跟头，改变方向后继续往回游。

最先游到终点的人就是胜利者啦！第一名可能只比后面的选手快几秒或零点几秒而已！

为减少水中阻力，最大程度提升速度，游泳运动员会穿着一种面料非常光滑的**贴身游泳衣**，他们甚至还将身上的汗毛都剃光了呢！

学好游泳是掌握其他水上项目的基础，如跳水、水球和花样游泳。

跳水是一项观赏性很强的运动，它和体操有些相似之处。运动员从1米或3米**跳板**，或是10米**跳台**上起跳，入水前要在空中完成一系列空中特技*动作。跳水运动中最难的动作要数**空翻**了，也就是身体要在空中完成翻转动作，想要将这个动作做得完美可不是那么容易的！

水球是一种类似手球的**团体运动**项目，只不过是在水中进行。队员的目标就是将球打进对方**球门**。不过要注意，从始至终，运动员只能使用一只手拿球哦！

花样游泳是一种配合音乐伴奏进行的**水上舞蹈**，极具观赏性。运动员在水中做出的动作很多都源于对动物的模仿，比如海豚和梭（suō）鱼。

游泳不仅仅是一项体育运动，还是一种娱乐活动。闲暇时你可以去游泳池游上几圈！还可以和小伙伴们戏水，这多么有趣啊！如果你有面镜和脚蹼(pǔ)*，还可以去**潜水***，奇妙而又梦幻的海底世界正等你去发现！你还在等什么？

知道吗？你一旦学会了游泳，**终生**都不会忘记，就像骑自行车一样！

救生员的使命就是去救助那些有**溺水**危险的游泳者。他们通过在水中救助人体模型来练习救助在水中遇险的人。

记住，在学会游泳之前，小朋友们不可以独自下水哦！

下面，我们一起回顾关于游泳的重点知识。

现代游泳起源于哪里？

泳姿一般分为四种：自由泳、蛙泳、蝶泳和什么？

游泳除了个人单项比赛，还有什么比赛？

游泳比赛通常在游泳池里进行。除此之外，还能在哪儿举行？

哪项运动要从跳板上开始？

游泳不仅是一种体育运动，还可以当作什么？

这是什么意思?

本能：人类和动物不学就会的本领，如初生的婴儿会哭会吃奶，蜜蜂酿蜜等。

中世纪：自罗马帝国灭亡到文艺复兴间的 1000 多年。该时期的欧洲没有一个强有力的政权来统治，为争夺领地，王公贵族频繁开战，科技和生产力发展停滞。

竞技水平：指一种专业水平，也就是那些在体育训练中投入很多时间、精力和努力的职业运动员才能达到的水平。

裁判：根据体育运动的竞赛规则，对运动员竞赛的成绩和竞赛中发生的问题做出评判的人。

发令员：在比赛中下达开始命令的人，通常采用鸣枪或吹哨的形式，确保运动员同时出发。

空中特技：在跳水中，主要指运动员在空中完成的高难度动作，例如翻腾和转体。

脚蹼：一种潜水的用具，仿照动物的蹼制成，套在脚上使用，以增加拨水的面积和力量，提供强大前进动力。

潜水：戴着潜水装备在深水中游泳，探索海洋或江河深处的秘密。

马术

马术

快看那只可爱的小马驹(jū)！悄悄走过去，你会看到它正追着马妈妈吃奶呢，它的兄弟姐妹们在旁边的草地上跑跑跳跳。

马是人们忠实的伙伴！你发现了没有？在所有与人类生活和发展息息相关的动物中，马可能是最重要的。

你想知道更多人类与马密切配合的故事吗？那就快翻到下一页，让我们骑上马背，在风中驰骋(chěng)吧！

米坦尼帝国的马夫

马术是一门非常受人喜爱的古老技艺。俄罗斯的**游牧民族**被视为历史上最早驾驭(yù)马匹的骑士，而且，马这种动物很有可能也是在俄罗斯最先出现的。3000多年前，伊朗高原上米坦尼王国的一名马夫为我们留下了关于马最早的文字纪录。

在古希腊和古罗马，马在社会中的地位非常重要。到了中世纪，“**骑士**”成为一种贵族头衔。接连不断的战争让人们逐渐发现马在战场上的重要性。

除了上战场打仗，马还是非常出色的**交通工具**，也为人们畜(xù)牧、农耕和狩(shòu)猎提供了极大的帮助。

千百年来，人们与马建立了密切的关系。但是这种关系随着一百多年前汽车的发明，逐渐发生了变化，因为人们的出行和打仗不再完全依靠马了。自20世纪以来，骑马便不再是一项必要的技能，而只作为一种体育运动和休闲活动而存在。

你知道吗？历史上的第一场马术比赛是古希腊、古罗马时期的**马车大赛**。后来，则是中世纪骑士之间的**赛马**。

想要成为一名优秀的骑手，首先要了解你的马！马是一种听觉非常灵敏的植食性动物*。它们的耳朵动来动去，捕捉令它们愉快的声音，比如主人的呼唤；以及一些不悦耳的声音，比如突如其来的噪声，有时噪声会让它们受到惊吓。

如果你细心观察马的**耳朵**，甚至可以看懂它们的心情！举个例子，马的耳朵有时会向后倒，这表示它很害怕；耳朵朝前，并且口鼻上扬，表示它很好奇。还有，马的**视觉**也非常重要，它的眼睛比大象的还要大一倍，长在头部两侧，不用转头就可以看到两侧的事物。另外，**马尾**和**马鬃**(zōng)*还能驱赶蚊虫呢！

马的步伐可以分为三种：一种是**慢步**，像散步一样，不怎么费劲并且速度很慢的步伐；一种是**快步**，也就是一蹦一跳地走，速度大约是12千米/小时，这个速度对于我们人类而言已经算是飞快地奔跑了；最后一种是**跑步**，马奔跑的速度可以达到40千米/小时，这简直跟摩托车的速度一样快！

另外，**跳跃**也是马的**本能动作**之一，不过只有在必要时刻马才会跃起。马在跳跃时会有一瞬间的重心转移，骑在马背上的骑手需要保持平衡，以免摔下马。

我们经常会从马的正前方走过去接近它，这是不对的！因为马的最佳视野范围是两侧。你可以轻轻抚摸马儿做一个试验。如果你的手从正面向它靠近，马会先试图用双眼聚焦你的手，然后侧过头用一只眼睛仔细观看！

骑马时，为了安全起见，你一定要记得戴帽子，防止头部受伤。骑在马背上，你要注意时刻保持正确的姿势，确保自己稳坐在**马鞍**(ān)*上，以免失去平衡。能不能成功地驾驭马匹，主要就看能否在马背上保持平稳。

那么，骑手是怎样让马听从自己指挥的呢？原来，他们用双腿和握着**缰绳**的手来控制马儿行动的方向，用靴子上的**马刺**以及手中的**马鞭**来刺激马儿往前跑。每次骑完马，如果它表现得不错，记得奖赏它一颗糖块或一根胡萝卜！

练习骑马的场所叫作**马场**，通常是由栅栏围成的长方形场地，地上铺有沙子、草或其他柔软的材料。

马场里面有**马厩**(jiù)*，以及放置**马具**的地方。在骑马前，你需要给马带上马鞍、马嚼子(jiáo zi)*和缰绳之类的马具。

为了驯(xùn)养出一匹身体健康、身材健美的马，你还要做一件事，那就是每次骑马后，记得给马梳毛*。动物们可喜欢你给它们梳毛啦，这样做也可以让你更快和它们成为朋友！

一般来说每隔40天，需要给马换**马掌***，这样马在奔跑时会更加舒服。

马有很多种类，有些体型大，善于跳跃，动作敏捷，奔跑速度快；有些体格强健，是农牧业的好帮手。当然，还有**小马驹**(jū)，也就是幼年的小马，非常适合小孩子们骑！

你知道吗？**马术**也是**奥林匹克运动会**的比赛项目之一，分为多个小项，也许你在电视上看到过。

有一个项目叫**障碍赛**，在欧洲非常盛行。选手们骑着马，按照一定顺序越过提前设置的栏杆、横木、矮墙等障碍物，整个过程中不得触碰到障碍物。骑手们必须谨慎（jǐn shèn），保持平衡，不能从马上摔落。

另一个项目叫**盛装舞步**，骑手要骑马完成一系列有难度的技术动作，然后由裁判对骑手和马的姿态进行评估。

综合全能马术比赛也叫三日赛，分为盛装舞步、越野赛*和障碍赛三部分，骑手在三天时间里必须骑同一匹马参赛。

你是不是对骑马更加好奇了呢？还在等什么，快去马厩挑选一匹适合你的小马，感受风中飞驰的快乐吧！

近年来，**马术治疗**不断发展，研究指出，骑马有助于放松身心，还能治疗一些身体和心理的疾病。

下面，我们一起回顾关于马术的重点知识。

马类除了可以用于体育运动、农牧业，还可以用在哪里?

马有两个非常重要的感官，一个是听觉，另一个是什么?

马的步伐有三种：慢步、跑步，还有什么?

为了驾驭马匹，我们需要借助双腿、缰绳、马鞭来控制马。最主要的是保持身体如何?

练习骑马的场所是哪里?

欧洲非常盛行的马术比赛是什么?

这是什么意思?

植食性动物：以植物为主要食物的动物，比如马、羊、牛等。

马鬃：指马颈部的硬长毛，与它身体其他部分的毛不同。

马鞍：马背上供人骑坐的器具，能有效防止从马背摔落，还能减缓长时间骑马的疲劳感。

马厩：饲养马匹的地方，也就是马棚。

马嚼子：放置在马嘴中的两个铁环，连接着缰绳。骑手借此控制马匹的活动。

梳毛：使用马梳清理马儿的毛皮，使它们更加柔顺，富有光泽。

马掌：一种“U”形金属部件，钉在马蹄上，延缓马蹄磨损。西方很多人将马掌视为幸运的象征。

越野赛：通常在乡村进行，骑手在比赛中需避开水沟、树干等天然障碍物，且在规定的时间内到达终点，根据所用时间长短来评定名次。

滑雪

滑雪

仔细看看下面这幅图，这个人正在做什么？猜对了！他在滑雪呢！

凉爽的微风拂(fú)过头发，吹红了脸颊(jiá)，四周尽是美丽的风景，让人心情愉悦舒畅。滑雪就是这么有趣！

想知道更多关于滑雪的秘密吗？那就跟随我踏上一场大开眼界的奇妙旅行，前往那白雪皑(ái)皑的美妙世界看一看吧！

滑雪板算是人类最古老的交通工具之一了，甚至比车轮出现得还要早！一些研究发现，4000多年前，西伯利亚*和斯堪的纳维亚*地区，一年中大部分时间地面都覆盖着白雪，在一片严寒的世界里，人们就使用类似滑雪板的东西作为出行工具。有人曾在挪威的罗多港发现一副古老的岩画，是一个人踩着滑雪板滑雪的情景！

你知道芬兰的拉普兰*吗？那里的人可以说是滑雪运动的专家。2000年前，他们双脚穿着滑雪板，右脚上的滑雪板长，左脚的则短一些。滑雪板的底层贴着海豹皮，防止攀登时打滑。在拉普兰地区，这种特别的滑雪板一直沿用到大约100年前！

在19世纪晚期，挪威举办了第一届**滑雪比赛**，滑雪正式成为一项体育运动。1897年，滑雪运动传到意大利。那时，工程师阿道夫·金德从瑞士旅行归来，带回了一对滑雪板，你也可以按照过去的叫法，叫它们“滑雪橇（qiāo）”。

据说，人们见到他脸颊（jiá）红红的、踩着长长的白色滑雪板飞速滑过时，都吓得惊叫着跑开了。滑雪这项新兴运动迅速吸引了一批登山和探险爱好者，之后他们创立了第一家意大利滑雪俱乐部。

19世纪末，发明家泽旦斯基将原来长3米的滑雪板缩短到1米和0.8米，并且尝试了180种材料制作滑雪板固定器。起初，滑雪板是固定在动物皮或皮革制的鞋上，但是这种材料太过柔软，无法起到支撑作用，并不利于在滑行过程中转弯或停住。

滑雪这项运动往往离不开寒冷的天气和一片白雪皑皑的场地。你根本无法想象在非洲大草原或是加勒比海地区滑雪的场景！因此，那些冬季常常被冰雪覆盖的国家就有了天然的优势，滑雪运动在那里也非常盛行。

准备好去迎接这次历险了吗？开始之前，你还需要了解一些事情：为了防寒，你需要准备**滑雪服**、棉手套，还有围巾和帽子；还要备好一副**滑雪镜***或墨镜，保护眼睛不受雪地上反射的强光的伤害。当然，你还要准备一个合适的**头盔**。然后，穿上一双结实耐磨的专用**滑雪靴**，将靴子卡在滑雪板的固定器*上。最后，拿起一对**滑雪杖**，登上**滑道***吧！

如果你之前并不会滑雪，可以先请教滑雪教练，学习一些滑雪的基本技巧。比如，如果你想快速滑行，就要让两个滑雪板**保持平行**。想要停止滑行

你知道吗？50年前的**滑雪场**内并没有任何**升降设备**，每次滑下来后，滑雪者必须扛着滑雪板一步一步地回到顶端。多辛苦啊！

或减速，你需要采用**犁(lí)式制动**的技术，也就是说，在双脚的控制下，将滑雪板末端尽量分开，前端靠近，呈内“八”字形。拐弯时，你需要将手中的滑雪杖戳向地面，以保持身体平衡。如果不小心摔倒了，也不要害怕，雪很柔软，你不会那么容易受伤！

当你在滑道上时，一定格外小心，不要与其他滑雪者相撞。每次滑到斜坡底部时，你可以借助**托牵索道**、**上山吊椅**或**缆(lǎn)车***回到山顶。好了，现在你又回到山顶了，可以先好好欣赏一下远处的风景，准备好了之后，快速冲下去，再一次享受这刺激的时刻吧！

除了**斜坡滑雪**外，还有其他形式的滑雪运动。让我们一起来看看吧！

越野滑雪*是一项非常有趣的运动，你需要穿上一副又窄又长的专用滑雪板，仿佛踩着滑雪板散步一样，穿梭在森林和山谷中。

越野滑雪的线路设置在森林中，像铺设在雪地里的铁路一样。运动员的双腿交替迈进，手臂也随之摆动，以这种方式移动。是不是很有意思呢？

虽然滑雪的过程中身体会很疲惫，但是你可以时刻想着：终点处会有一间温暖的山舍*，里面有热饮、米粥和各种甜点在等着你，为你补充能量！

越野滑雪

登山爱好者和滑雪行家们热衷于挑战惊险，探寻未知，因此，他们还设计出了**高山滑雪**运动，发明了许多野外滑雪运动特有的动作技巧。

为了更方便上坡，他们将高山滑雪板的固定器做成了可调节的，底层上贴着海豹皮，往前移动时可以防止倒滑。你是不是也觉得高山滑雪非常吸引人？如果你向往高处的风景，渴望与大自然更亲密的接触，那么请不要错过它！

你知道吗？还有一种滑雪运动叫**跳台滑雪**。运动员沿着跳台的陡坡快速下滑，在跳台边缘飞身跃起，在空中飞跃一段时间，然后落在山坡的雪地上，飞跃的距离越远越好。在腾空的瞬间，运动员仿佛是在天空中飞翔的小鸟！

滑雪比赛分为很多种，其中最著名的要数障碍滑雪和自由滑雪赛。这些比赛的场地一般包含陡峭的雪坡、直道，还有一部分弯道。

障碍滑雪赛的选手需要快速而敏捷地以“之”字形路线滑过一个又一个小红旗标志的障碍物。障碍物是由两个旗杆形成的**旗门**，要注意的是，运动员不能漏过任何一个旗门。在滑过最陡峭的弯道时，选手会离旗门非常近，难免会磕碰到手和腿，甚至脸会撞到旗门，因此，佩戴手套、护腿和护目镜是很有必要的。

与障碍滑雪不同的是，**自由滑雪**项目的滑道非常长，其中弯道比较少，障碍旗子之间设置的间隔也较长，滑行速度最快的人将会赢得最终的胜利。

滑雪运动中最刺激的项目是**速降滑雪**，运动员的滑行速度最快能达到200多千米/小时，相当于一辆高速飞奔的赛车！

滑雪运动受欢迎的原因有很多。首先，滑雪运动很简单，小孩子们很快就能学会踩着滑雪板上，在雪中驰骋。其次，滑雪是一项户外体育活动，人们能够亲近大自然，呼吸新鲜空气，穿梭在森林和山间，欣赏自然美景。最后，滑雪适合与家人朋友在一起进行，你会和他们共同度过有趣而又美好的一天。

还等什么呢？快让爸爸妈妈带上你，去感受一下滑雪的乐趣吧！你一定会喜欢上滑雪的！

近年来，**单板滑雪**十分流行。单板滑雪板是一只带有固定器的玻璃纤维板，滑雪时需将特制的靴子固定在滑雪板上。热爱此项运动的人可以尽情享受美丽的雪景和飞跃的刺激！

下面，我们一起回顾关于滑雪的重点知识。

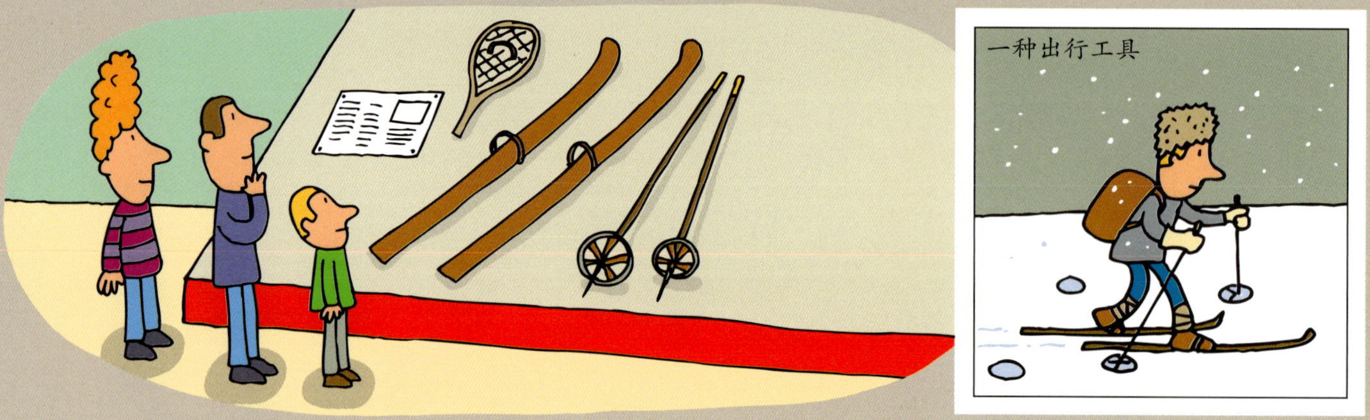

最初滑雪板的用途是什么？

去滑雪时，我们需要带上滑雪板，穿上滑雪靴，还要准备好什么？

你可以找谁学习滑雪？

上坡时你可以借助上山吊椅、缆车，或者是什么？

滑雪运动分为很多种，除了斜坡滑雪、越野滑雪，还有什么？

滑雪运动非常好玩，它能给你带来什么样的感受？

这是什么意思？

西伯利亚：亚洲北部地区的一片广阔地带，气候寒冷，绝大部分位于俄罗斯境内。

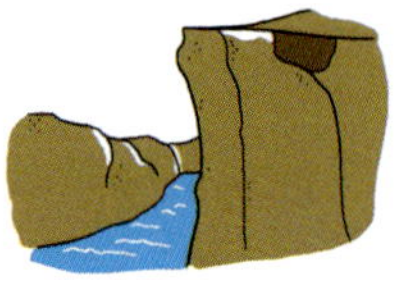

斯堪的纳维亚：位于欧洲西北角的一个半岛，是欧洲最大的半岛，其北端冬季严寒。

拉普兰：位于欧洲北部北极圈附近的一个地区，冬季漫长，被认为是圣诞老人的故乡。

滑雪镜：滑雪时佩戴的眼镜，用来为眼睛遮挡风雪，还可以保护眼睛不受紫外线伤害。

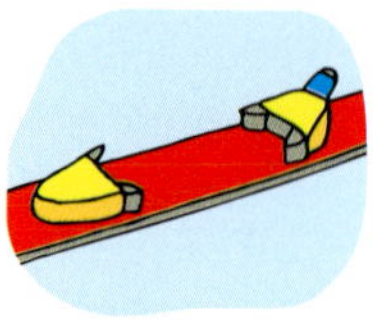

固定器：一种特殊的钩锁，用来将滑雪靴固定在滑雪板上。

滑道：一种叫“雪猫”的大型压雪车在雪中压出的一条道路，供滑雪者滑行。

缆车：利用悬挂在半空中钢索牵引的吊车，把人或货物带上山或带下山，从而节约时间和体力的交通工具。

山舍：一种建在山上的小屋，用石头或木材建成，可作仓库、放牧者住所或游客收容处。

足球

足球

仔细看看下面这幅图，你知道这是什么运动吗？

太棒了，你一定猜对了吧！这就是足球！你肯定在电视上看过足球比赛，可能还和朋友们踢过呢！

但是，也许你并不知道，足球是一项非常古老的运动，而且是世界上最具影响力的运动项目。

如果你想知道足球运动是怎样发展起来的，运动规则又是什么，或者想了解其他相关知识，那就快翻开下一页，跟我一起探索吧！

足球运动有着悠久的历史，早在2500年前，**中国**就已经出现类似足球的游戏了，人们把这项运动称为**蹴鞠**（cù jū）*，字面意思就是用脚踢一个用动物皮制成的球。

但是，我们现在所熟悉的足球运动实际上是和150年前的**英国**有关。那时候，英国的大学生们在课余时间会一起玩足球，而这个游戏的主要灵感则来自于16世纪诞生于意大利佛罗伦萨的“古典足球”。

足球运动比较简单，一天的学习结束后，到户外踢踢足球是释放情绪、放松精神的不错选择。关于足球，那时英国不同的大学制定了不同的游戏规则。有些学校规定手和脚都可以触球，而其他一些学校则限定只能用脚踢球。

1863年，几个足球爱好者聚集在伦敦一家小酒馆中，首次写下了真正的足球**比赛规则**。其中一条明确规定，比赛时不能用手触碰皮球。自那时起，足球这项运动就在世界各国流传开来了。

很多人怀着极大的热情投入这种新兴的游戏，没过多久，足球就成了最受人们欢迎的运动。

你知道足球运动是如何传到南美洲的吗？为了放松和消遣，来自英国的水手们在阿根廷和巴西的海滩上踢起了足球。阿根廷人和巴西人兴致勃勃地前来观看和学习，同时将足球这项运动在国内推广开来，后来他们也成了这项运动中的佼（jiǎo）佼者。

每个星期，世界各地都有不计其数的人来到球场或守在电视机前观看自己喜欢的**足球比赛**。一场比赛是两个球队之间的较量，每队各有11名队员上场，双方的目标是尽量将球踢入对方球门得分。整场比赛结束，得分多的球队胜出！

足球比赛在一块长方形草地上举行，球场长90~120米，宽45~90米。如果你见过**足球场**，应该能注意到球场上画着许多白色的线。就像下面图中画的那样，每条线都是一个特定的标记。在球场的两端，设有两个框架，这就是由两个门柱和一根横梁组成的**球门**。每个球门前都有一名**守门员**，阻止对方球员将球踢入自己把守的球门。

每场比赛时长90分钟，分为**上下半场**，各为45分钟，中场休息时间为15分钟。在一场激动人心的比赛中，双方队员都会全力以赴争取进球得分。

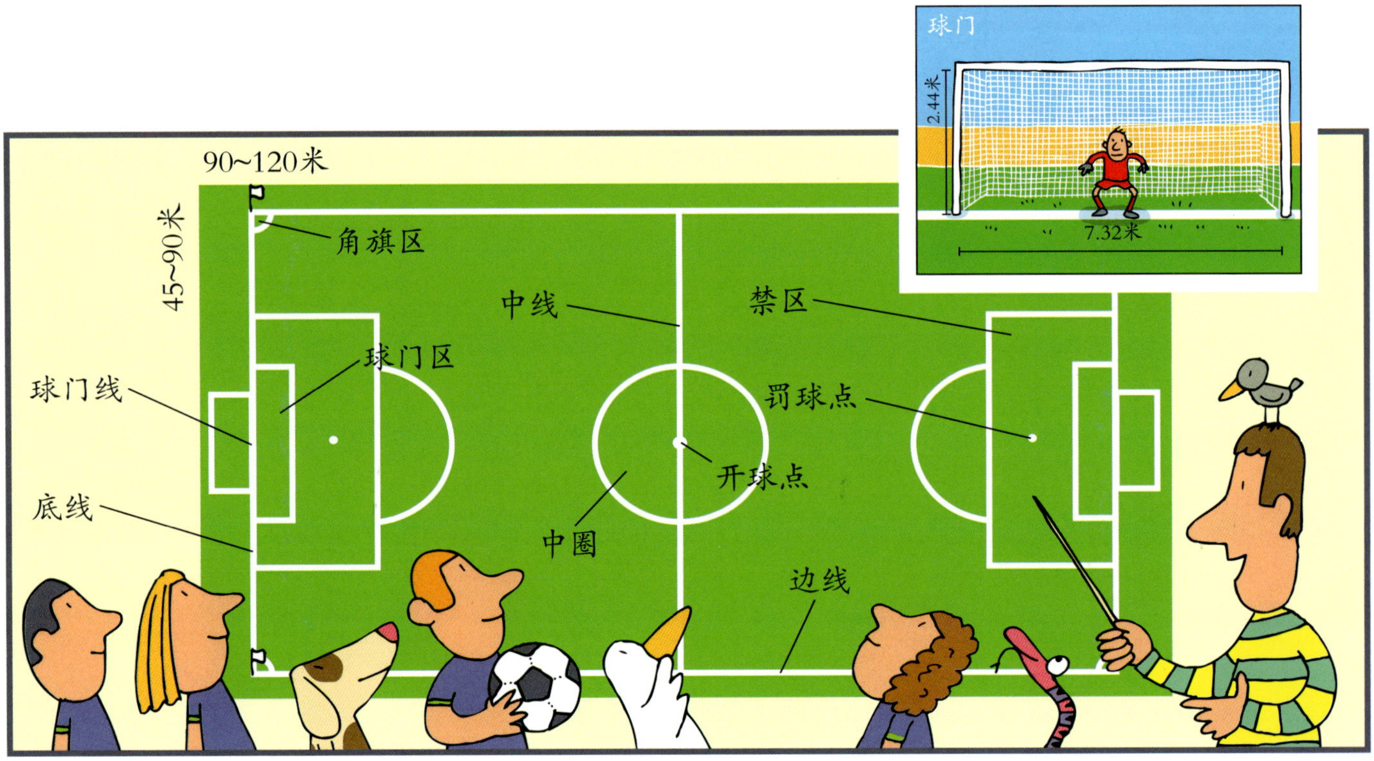

但是，进球得分并不容易，因为足球比赛有很严格的规则。运动员的手和手臂不能触碰皮球，每队只有一个人可以用手拿球，那就是守门员，但是也只限在**禁区**内。场上球员不得推搡对方球员或拉扯他们的衣服。如果球员**犯规**了，裁判*会判罚**任意球***给对方球队。如果球员犯规情况严重，裁判可以采用**黄牌警告***或直接采取**红牌罚下**的处罚措施。如果球员在禁区内严重犯规，裁判会判给对方一个**点球***。

进球得分在英文中是“Goal”这个词，意思是“目的、目标”。除了足球运动中用这个词，其他运动比如曲棍球、橄榄球，以及排球中也会用到。

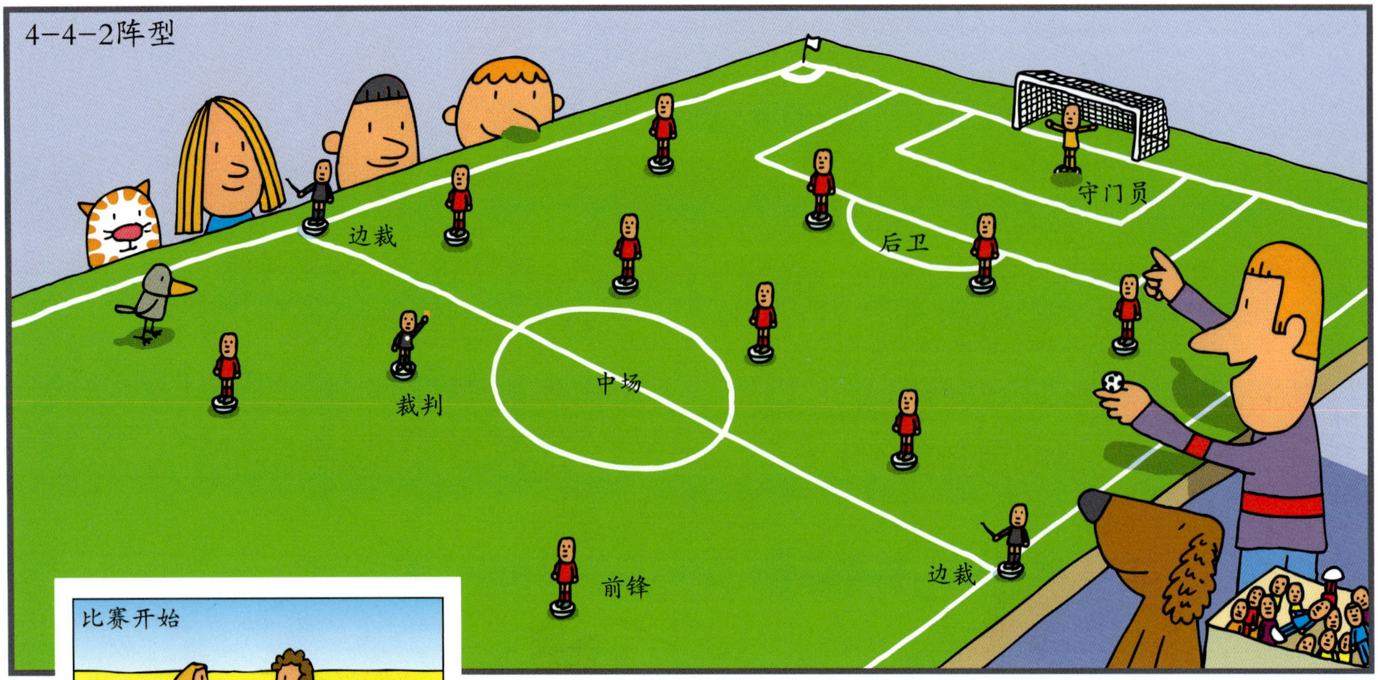

你还想知道更多关于足球比赛的知识吗？那就来看看足球比赛是如何进行的吧！

比赛开场前，两队的队长站在球场中央，他们先握手示意友好，然后裁判**丢硬币**决定由谁来**开球**。

场上队员大致分成三个位置：后卫、中场和前锋。每队的教练会决定本队的出场阵容和队员的场上位置，比较常见的阵型是4-4-2，就是4名后卫、4名中场和2名前锋。每个位置上的球员都有明确的任务。

后卫的职责是防止皮球靠近自家球门，尽量不让对方球员靠近禁区。**中场**负责拦截和抢夺皮球，为前锋创造进球机会，中场球员是全场跑动最多的球员，因此他们必须要有很强的耐力。**前锋**通常是速度最快、最灵活的队员，他们的主要任务就是进攻，突破对方防线，争取射门得分。

正如你看到的那样，足球是讲究**团队合作**的运动，球员之间的默契配合非常重要，这往往是取胜的关键因素。

看啊，现在裁判吹响哨子，比赛正式开始。一方首先发起进攻，经过几次中场球员**传球**，球传到了前锋脚下，接着就是一组快速地**带球过人***，前锋巧妙地晃过了对方后卫，来到一个绝佳的位置，最后一脚**射门**。哇！球进了！

史上最佳足球守门员是俄罗斯的**列夫·雅辛**。在他20年的职业生涯中，只被对方球员踢进了100个球，更神奇的是他一共扑出了150个点球。

对于职业足球运动员来说，踢足球是他们的工作，为了保持良好的身体状态，他们每天都要训练，不断提升球技。一些优秀球员会加入著名的**足球俱乐部**，并经常参加世界知名足球比赛。各国实力最强的球队将参加每个赛季举办的**国内足球联赛**。每个国家实力最强的球队将有资格参加各洲的**国际足球联赛**，比如，欧洲的**欧冠***和**欧联杯***。

各国最优秀的足球运动员可以入选自己国家的**国家队**。每4年世界各国国家队经过激烈争夺后，会选出32支获胜球队参加“**世界杯**”，这是一次世界级的足球盛事，届时全球会有千千万万的观众前去观看。

当然了，如果仅仅是踢踢足球找些乐趣，你不需要像一名专业的足球运动员那样。一个足球、一双球鞋、一块草地、一群好朋友，以及一颗渴望一起奔跑和玩耍的心，就足够了！

其实，那些盛大足球赛事的初衷也不过如此：和一群足球爱好者一起踢球，熟悉规则，提升球技。

如果你真的热爱这项运动，可以去你所在城市的**足球学校**报个名。或许你会成为下一个**足球明星**，有朝一日能加入专业足球俱乐部踢球呢！

历史上最伟大的球星之一是**贝利**。他17岁时就已成名，并且凭借自身的速度和近乎零失误的射门被封为“**球王**”。在整个职业生涯中，他总共踢进了1281个球。现在他在巴西专心从事足球的推广和发展工作。

下面，我们一起回顾关于足球的重点知识吧！

现代足球是在哪里诞生的？

守卫球门不让球入门的人是谁？

如果球员比赛时用手故意触碰了足球会有什么后果？

场上哪个位置的球员最擅长射门？

世界知名的足球比赛有哪些？

你可以在球场上和朋友们自学踢球，或者到哪里学习呢？

这是什么意思?

蹴鞠：史料记载的最早的足球活动，据说最早是中国人军事训练的项目。

点球：得到点球的一方，可在距离对方球门 11 米的位置直接射门。此时，对方球门仅有一名守门员防守。

裁判：比赛中负责执行比赛规则，处罚犯规者的人，通过吹哨或举旗示意的形式来判罚。

带球过人：指进攻队员将球控制在自己脚下，运用一系列动作突破对方防线，摆脱防守队员。

任意球：比赛过程中发生犯规后，获得任意球的队伍将在犯规发生的地点进行罚球或发起进攻。

欧冠：欧洲冠军联赛的简称，代表着欧洲足球俱乐部的最高荣誉和水平。

黄牌警告：警示做出犯规动作的球员。一场比赛受到第二次黄牌警告时，该球员将被罚下场，不得继续参加本场比赛。

欧联杯：欧足联欧洲联赛的简称，也可以简称为欧洲联赛，在欧洲其重要性仅次于欧冠。

排球

排球

仔细看看下面这幅图，你都看到了什么？十二个队员、一个球、一个球场、一张球网。你是不是已经猜到这是什么运动了？

没错，这项运动叫作排球，在全世界都备受青睐（qīng lài）。

你想知道排球是怎样诞生的，它的规则又是什么吗？那就快翻开下一页，我将带你去探究有关排球的历史和故事。

在大约3000年前的《荷马史诗·奥德赛》*中，最早提到了一种类似**排球**的游戏，但是这种游戏被描述得更像是一种舞蹈，而不是真正的体育运动。

后来，到了2000年前，古罗马人为了运动健身，发明了一种较轻的充气皮球，可以几个人围成一圈互相传球。

这些都是排球运动的前身！而我们今天熟悉的排球运动在1895年诞生于**美国**。

1895年的一天，美国春田学院*年轻的体操教练威廉·摩根向其他教师展示了他新发明的运动——**隔网击球**。

在当时，这项运动十分与众不同，因为在运动过程中，运动员之间不会发生肢体接触，对反应能力和灵活性的要求比力量更高。因此，运动员不一定拥有强健的身体，但要灵巧、敏捷，并且拥有较好的**弹跳能力**。

后来，这种游戏更名为“排球”，并很快传遍世界各地。

“隔网击球”这个名字实际上来源于法语词Minonette，意思是“小猫咪”。这是当时人们对法国贵族们玩的一种球类游戏的称呼。

你有没有见过排球的球场呢?

排球场长18米，宽9米，中间划有一条直线把球场分为一样大的两个场区。场地中线上方高高地架着一张**球网**，挂在场外两根立杆上，男子排球网高2.43米，女子排球网高2.24米。对现在的你来说，就算你抬高双臂站在网下，恐怕也只能勉强触碰到球网!

每场比赛有两支球队进行较量，每队场上各有6名球员。双方队员站在各自半场区域内，3名**进攻队员**站在靠近球网的**前场区**，另外3名**防守队员**站在**后场区**。

好了，现在比赛即将开始了。队员之间用手和手臂击球。他们的目标都是将球打到对方半场界内，如果对方球员无法将球击回，或接球出现失误，他们就可以为自己的球队赢得一分。

最先获得25分并至少领先2分的球队为一局的获胜者。每场比赛分为5局，5局3胜的球队为最终的获胜者。

排球运动有很多基本动作*需要掌握，也有很多规则需要遵守。比如，击球时不得触碰球网，脚不得踏进对方区域。另外，同一人不得连续触球两次，或将球握在手中。每队在本场区域内最多可连续击球3次，也就是说第三次击球时必须将球打到对方区域内。

排球比赛的节奏非常快，球员必须集中精力，时刻准备接球。

近几年，排球比赛新增加了一些奇怪的规则，其中一项是球员可以用脚踢球，这种方式在以前是绝不允许的！

观众坐在台下观看排球比赛同样乐趣无穷，如果你仔细观察，就会注意到比赛的各个阶段，感受到赛事的激烈与紧张。

开始时，**发球队员**单手将球抛向空中，另一只手用力击球，将球打入对方区域。最好的方式是跳起的同时把球击出，这种发球具有很强的攻击性，对方很有可能接不起来！如果对方没能接到发球，这样就算发出了一记“ACE球”，即**发球直接得分**。

另一个非常精彩的技术动作叫作**扣球**，你知道是怎么做的吗？**二传手***将球传给离球网近的队友，队友高高跳起，狠狠地将球扣到对方的半场内。为了防住扣球，对方球员会进行拦截，队员们和对方攻击

手一起起跳，同时双臂高高举起做出**拦网***动作，并寻找机会将球**反击**回去。如果没能组织好拦网，防守队员还能以**垫球***的方式来挽救。

当接发球的一方赢得1分时，该队的球员将以顺时针方向轮转一个位置。这要求每个队员都具有这些能力：在发球位置发球，在网前扣球，在后场防守……不简单吧！

这项规则对于“**自由人***”来说是个例外，“自由人”是队伍中最优秀、反应最灵敏的防守队员，这名队员要应付难度较高的发球和扣球，他唯一的职责就是防守。

曾经有很多年，排球仅仅作为一项游戏而存在，并非一个正式的体育比赛项目。

后来，随着人们对这项游戏的热情不断高涨，这项运动在1964年的日本东京奥运会上被列为**奥运会**正式比赛项目。

现在，排球在有些人心中的地位甚至高过了足球！

与其他运动一样，排球也有专门的服装。参加正式比赛的运动员必须按要求穿着**印号球衣**和**短裤**，有时，为了在比赛中保护好膝关节，还要戴上**护膝**。

你知道吗？还有一种在沙滩上玩的排球也深受人们喜爱，叫作**沙滩排球***。去打沙滩排球时，你要记得戴上遮阳帽和太阳镜，穿上泳衣，然后就在阳光下尽情运动吧！

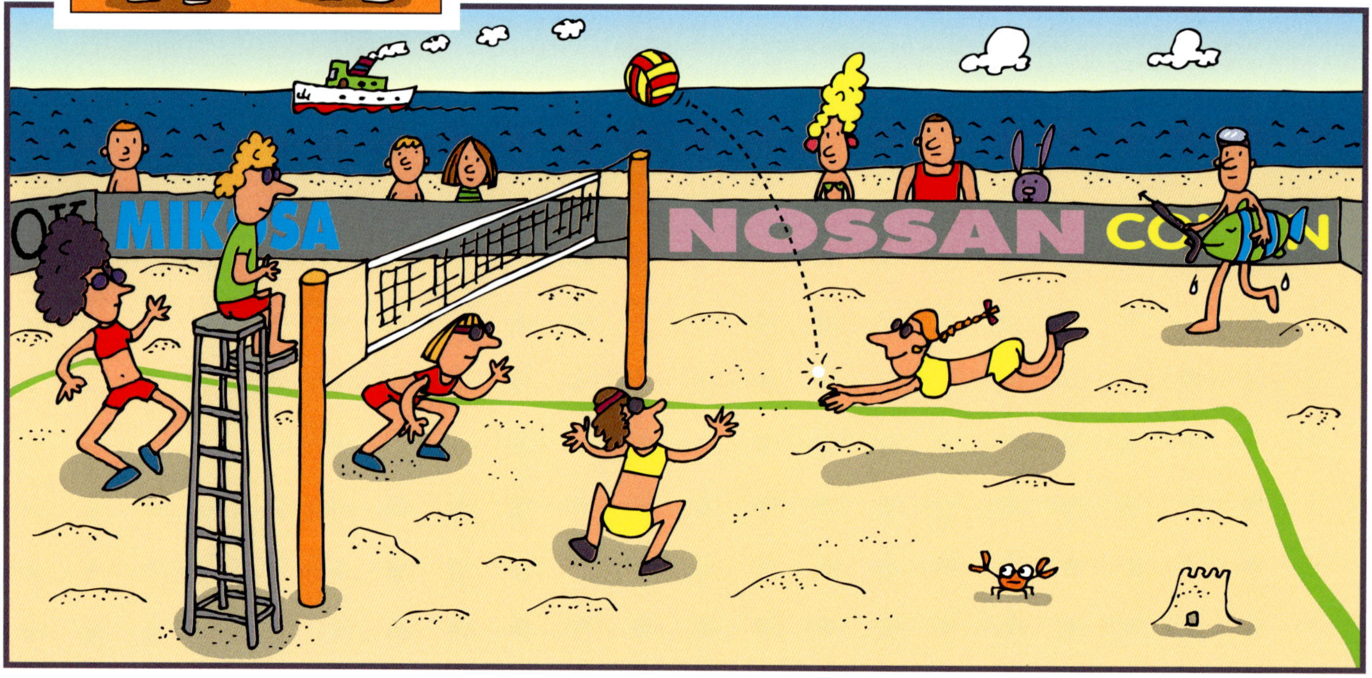

你知道为什么那么多人喜欢排球运动吗？因为它既简单又有趣，而且男孩和女孩都可以玩。你可以在学校、体育馆或是公园里找一块空地，只需准备一个排球、一张网或一条绳子，约上几个小伙伴，就可以开始一场精彩的比赛啦！

要记住，排球是一项**团体运动**，比赛时，队友之间一定要互相配合，相互信任，这一点非常重要。只有这样才能打好一场比赛！

中国国家女子排球队，就是我们常说的“**中国女排**”，是世界上最出色的排球队伍之一！早在1981年，她们就取得过世界冠军，加上2016年里约奥运会夺冠，总共9次获得世界冠军。她们团结协作，勇于拼搏，每场胜利都来之不易，你可以去网上找她们的比赛看看哦！

下面，我们一起回顾关于排球的重点知识。

谁最早发明了类似排球的游戏？

现代排球是何时诞生的？

在一场排球比赛中，每位球员的位置不是固定的，而是如何变换的呢？

谁可以发出一记“ACE球”？

站在网前的球员用什么方式进行防守？

排球运动不仅可以在公园和体育馆进行，还可以在哪里举办？

这是什么意思?

《荷马史诗·奥德赛》：古希腊诗人荷马所作史诗之一，讲述了古希腊英雄奥德修斯的历险故事。

春田学院：美国一所历史悠久的高校，以培养体育人才而著称。

基本动作：这里指排球运动的基本技巧动作，主要有发球、传球、垫球、拦网和扣球等。

二传手：接对方来球后担任第二次传球，并帮助进攻队员组织进攻的队员。

拦网：打排球时拦阻球网上方对方打过来的球，并且手臂不能触网。

垫球：身体由下往上，双手重叠，拇指靠压在一起击球。

自由人：身穿和本队其他球员不同颜色的球服，重点在于防守，不能发球、扣球、拦网或参与前场进攻。

沙滩排球：每队有两名队员，采用三局二胜制，属于奥运会比赛项目。

篮球

篮球

小朋友们，仔细看看下面这幅图，你知道这是什么运动吗？

这项运动叫作篮球，是世界上最流行的运动之一。

你想知道篮球是由谁发明的，哪些人得过冠军，以及其他与篮球有关的知识吗？那就跟着我一起，开启一场激动人心的旅程吧！

篮球的前身是玛雅人*和阿兹特克人*发明的**回力球**游戏。参赛的队伍由至少两名球员组成，球员之间相互传球，最终将实心橡皮球投入挂在运动场一侧高墙上的**石圈**里。相传，那时球员们只能用胯、手肘和膝盖击球。

这项比赛非常激烈，为了安全起见，球员们常常戴上头盔、护臀(tún)和手套作为保护。获胜者将赢得众人喝彩和丰厚的奖品，而输的一方则要付出生命！

但是，我们今天所熟知的篮球与这项残酷的游戏其实并没有太大关系。

现代篮球起源于1891年的**美国**。那年冬天，美国春田学院的学生非常苦恼，因为学校的院子终日被大雪覆盖，他们不能做户外运动。年轻的体育老师詹姆斯·奈史密斯意识到，他们急需一项室内活动，既能满足学生对于运动的需求，又可以让他们在一起运动。于是，这位老师利用课余时间画了许多游戏设计的草图。有一天，他将失误的草图揉成一团，投向垃圾筐，这时灵感突然来了：就是它了！一个考验运动者灵活性和精准度的新游戏，要将球准确投入对方的筐中。篮球运动就这样诞生了！

一开始，他们使用水果筐作为球筐，可是这种筐子是有底的，所以每次进球之后，还必须有人踩着梯子爬上去把球拿下来！这点极为不便。

不久，篮球运动获得了极大的成功，几年之内就传遍世界各地。在欧洲许多国家，篮球成为继足球之后最受欢迎的运动。

如今，篮球运动大多在**室内篮球馆**进行。球场为一个长28米，宽15米的长方形场地。球场的两端分别设有1个**篮筐***，篮筐距地面3.05米，双方都尽力防守着自己的篮筐。每支球队有10名队员，其中，有5人直接上场比赛，其余为**替补队员**，如果场上队员体力不支或表现不佳，替补队员将随时准备替换上场。国际比赛中，一场篮球比赛分为4节，每10分钟为一节。

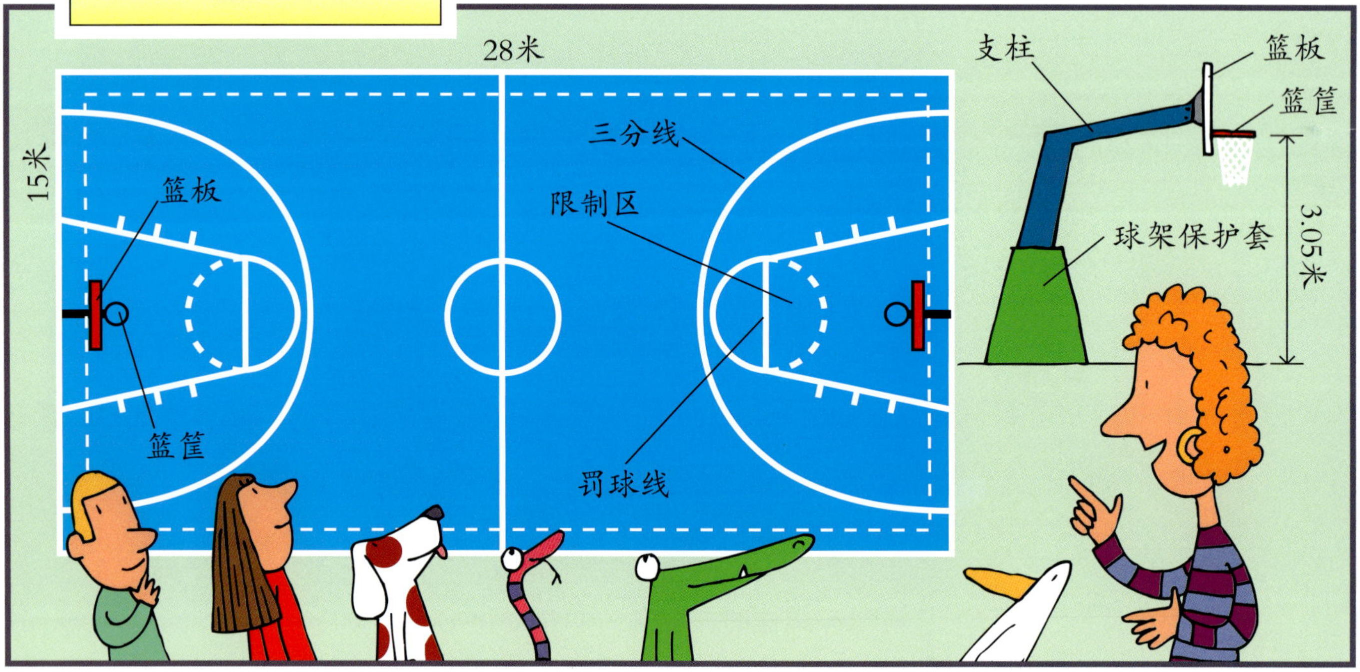

下面我们来看看篮球的**比赛规则**。

篮球比赛最重要的就是尽可能多地将球投进对方篮筐中。听起来是不是觉得很简单?

但是你要知道，当你接到球后，必须按规定通过**运球***的方式移动。一旦你停下来，那就只能移动一只脚，另一只脚必须在原位一动不动。这时，你只有两个选择：或将球传给队友，或直接**投篮**。如果对方球员**犯规***，你将获得两次**罚球**机会，也就是站在**罚球线**上，在无人争抢的情况下投篮两次。

好啦，瞄准好目标，集中精力……投篮！

进球难度不同，你所获得的分值也不同，有1分、2分和3分球。比赛结束时，累计得分多的一队获胜。如果出现比分相同的情况，将进行**加时赛***，直到一方胜出。

篮球运动使用的球一般由橡胶或粗糙的皮革制成，便于运动员抓握，保证即使双手出汗时握球也不会轻易脱手。

你还想知道得更多吗？那么我们来看一场比赛吧！

中场跳球后，比赛就开始了，也就是说每队各出一名球员站在球场中央，开场哨声吹响后，这两名球员起跳争夺裁判员抛向空中的球，拍到球的一方即为**进攻**方。另一方将退回自己的半场**防守**。最常见的防守方法叫**盯人**，也就是每一名队员负责重点防守对方的一名队员。

中场休息*时间为15分钟，下半场时两支球队要**交换场地**。篮球比赛同其他比赛一样，也有裁判员，分别是一名**主裁判员**，两名**副裁判员**。

你知道吗？球场上的每个球员都有自己明确的位置。传球技术最佳的球员是**控球后卫**，往往是球队中个子最小的那个，因为他必须灵活地在对方球员之间跑动，组织队友进攻。另外，有专门负责**防守**的队员，还有两名**前锋**，他们要参与所有需要他们的任务。最后，不要忘了还有**中锋**，这是一个巨人般的角色：通常是队中最高的那名球员，最擅长**盖帽**和**投篮**。你记住他们的角色了吗？每一个人在比赛中都是非常重要的。

到目前为止，世界上最高的篮球运动员是苏丹的哈萨，身高2.62米。不过，也不是只有长得高的人才能打篮球，蒂尼·博格斯身高只有1.60米，是NBA历史上最矮的球员！

篮球运动在美国最为普及，在那里有全世界最重要的篮球比赛——**美国职业篮球联赛(NBA)**。1992年，美国人组建了一支史上最强的篮球“**梦之队**”。这支球队集合了当时世界上最优秀的球员：迈克尔·乔丹、“魔术师”约翰逊和拉里·伯德。

在中国，篮球也是最受欢迎的体育运动之一！中国男篮和女篮这两支国家队*的每场国际比赛都备受关注，国内联赛，比如**中国男子篮球职业联赛(CBA)**，也拥有大批球迷。

篮球运动员的队服

美国“梦之队”的纪念徽章

可不是只有身材高大的人才能打篮球哦！

实际上，这项运动非常简单易学，所有人都能玩，男孩和女孩都可以。当你漫步走过操场或公园时，看到有人在室外球场打篮球，走过去加入他们，一起玩吧！你还等什么？拉上几个小伙伴，分成两个队，比赛就可以开始啦，你们会体会到篮球的无限乐趣！

篮球比赛中有一种技术叫“**扣篮**”，也就是高高跃起来，使劲将篮球送入筐内。许多球员往往在扣篮之后，用手抓着篮筐，将自己短暂悬挂在篮筐下，这是出于对自己的保护，在落地前缓冲一下。**迈克尔·乔丹**就经常这样做！

下面，我们一起回顾关于篮球的重点知识。

古典回力球游戏中，要把球投向哪里？

篮球比赛如何开始？

如果对方球员犯规了，我们可以得到什么机会？

防守的战术有很多种，最常见的是什么？

球队中谁是传球技术最好的队员？

你可以在篮球馆、公园打篮球，还可以在哪里？

这是什么意思？

玛雅人：古代印第安人的一支，约公元前 2500 年就已生活在墨西哥南部和中美洲北部。

犯规：比赛时违反规则的行为。例如，拉扯或推搡对方球员都属于犯规行为。

阿兹特克人：墨西哥人数最多的一支印第安人，他们是古老印第安文明的一部分。

加时赛：比赛结束两队积分相同时，要举行 5 分钟的延长赛，若 5 分钟后分数仍相同，则再次延长 5 分钟，直至比出胜负。

篮筐：包含篮圈和篮网，也就是一个环形钢圈系着一个网，没有底，通常挂在篮板上。

中场休息：篮球比赛分为前后半场，每半场各 2 节，每节 10 分钟，NBA 比赛一、三节结束后休息两分钟，中场休息 15 分钟。

运球：一种打篮球的技术，单手拍球，不断使球触地并弹回，也可以双手交替拍球。

国家队：由一个国家选拔出国内最优秀的球员来组成的球队，代表本国参加赛事。